Alfabeto ARABO di scrittura

per bambini

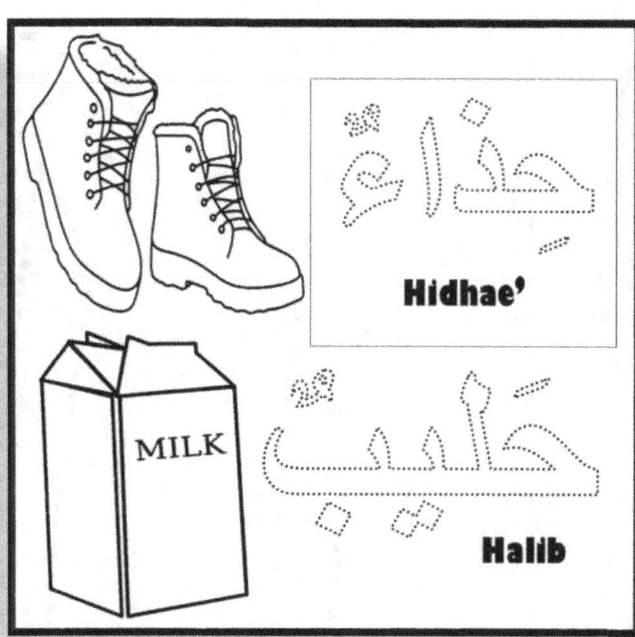

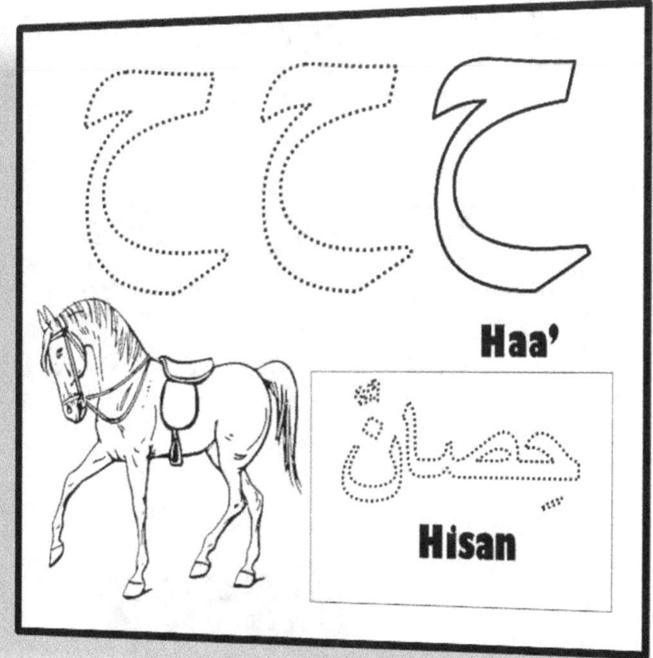

MAHER BEN

Alif

Assad

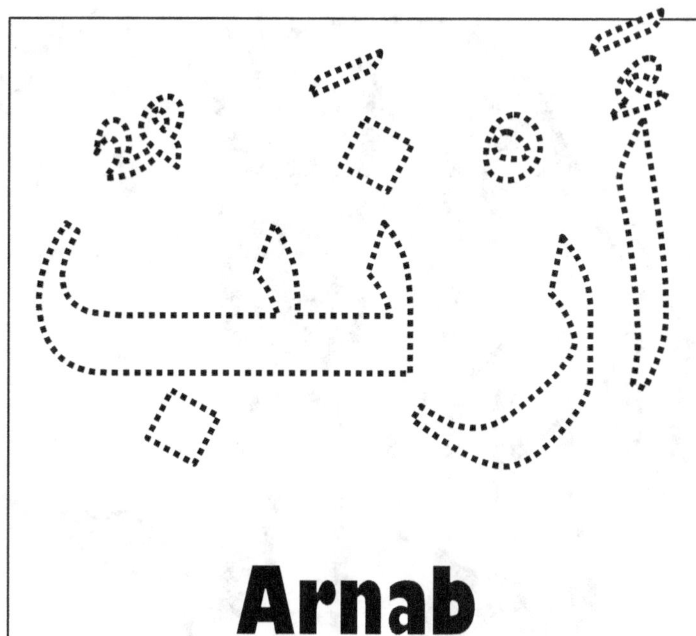

Arnab

Atfal

baa'

Baqara

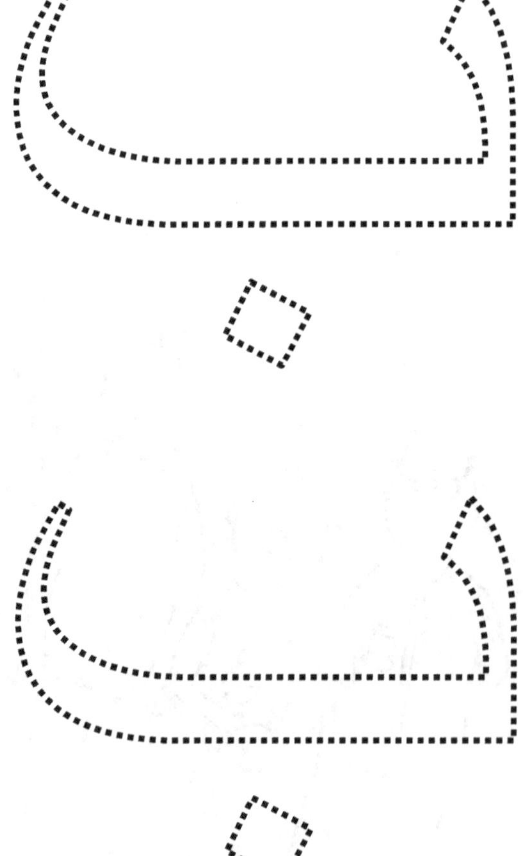

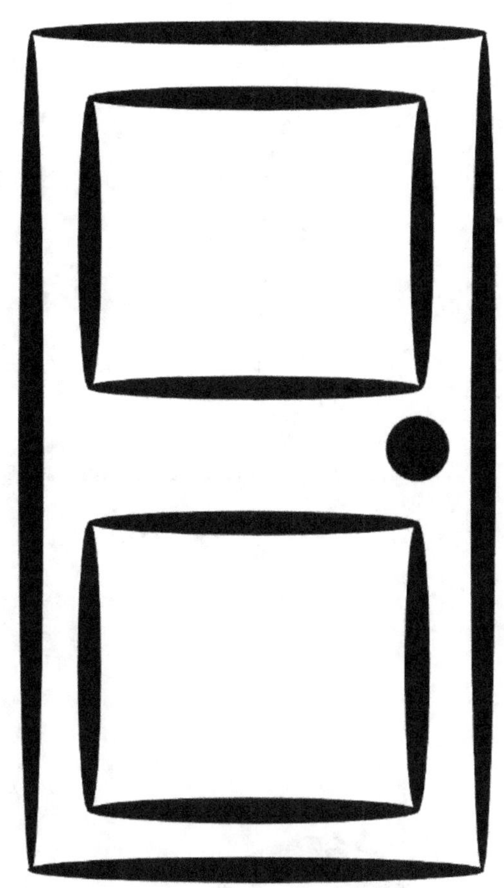

Bab

Batt

Bakhira

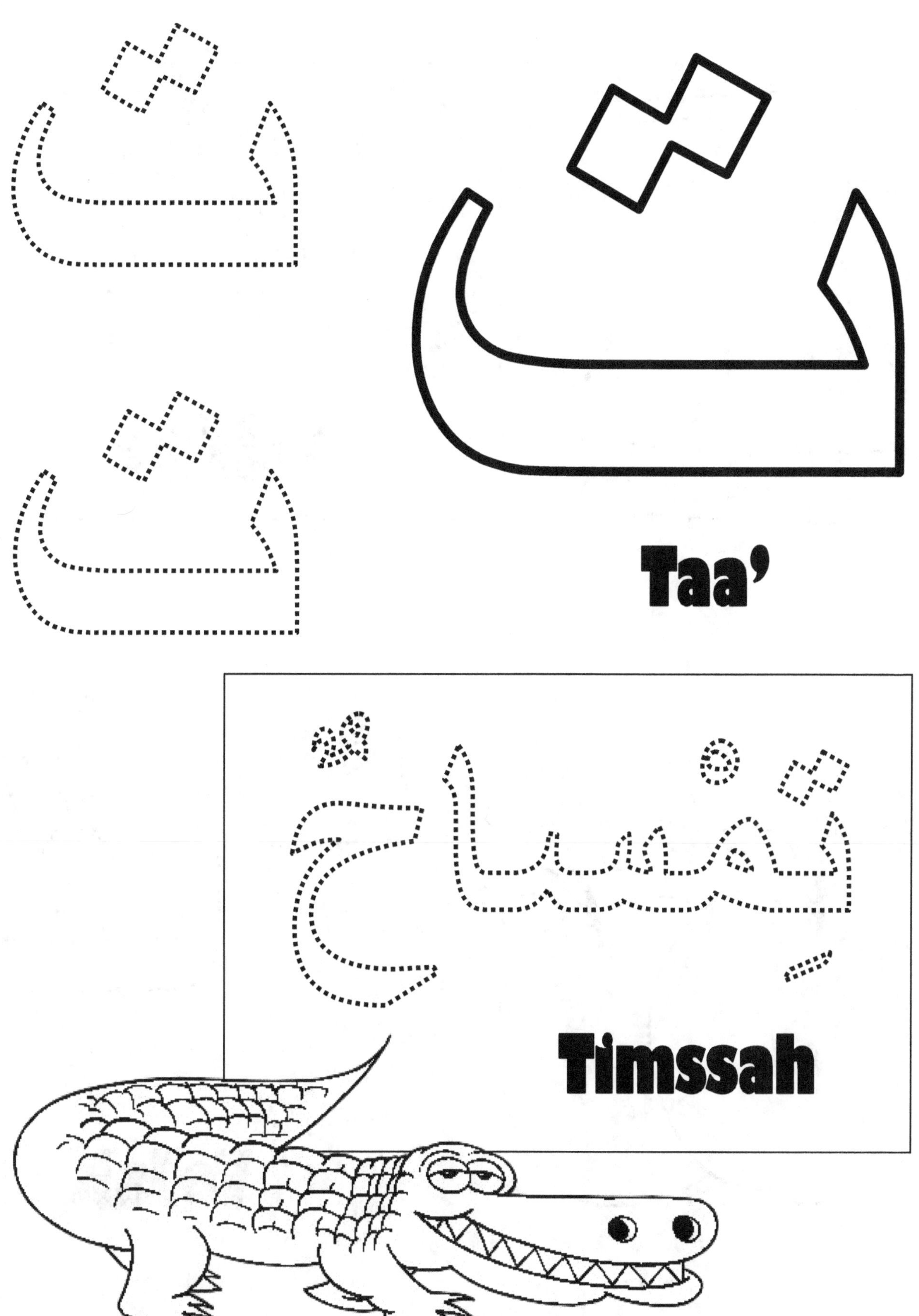

Taa'

Timssah

Tilfaz

Tofah

Tout

توت

Taj

تاج

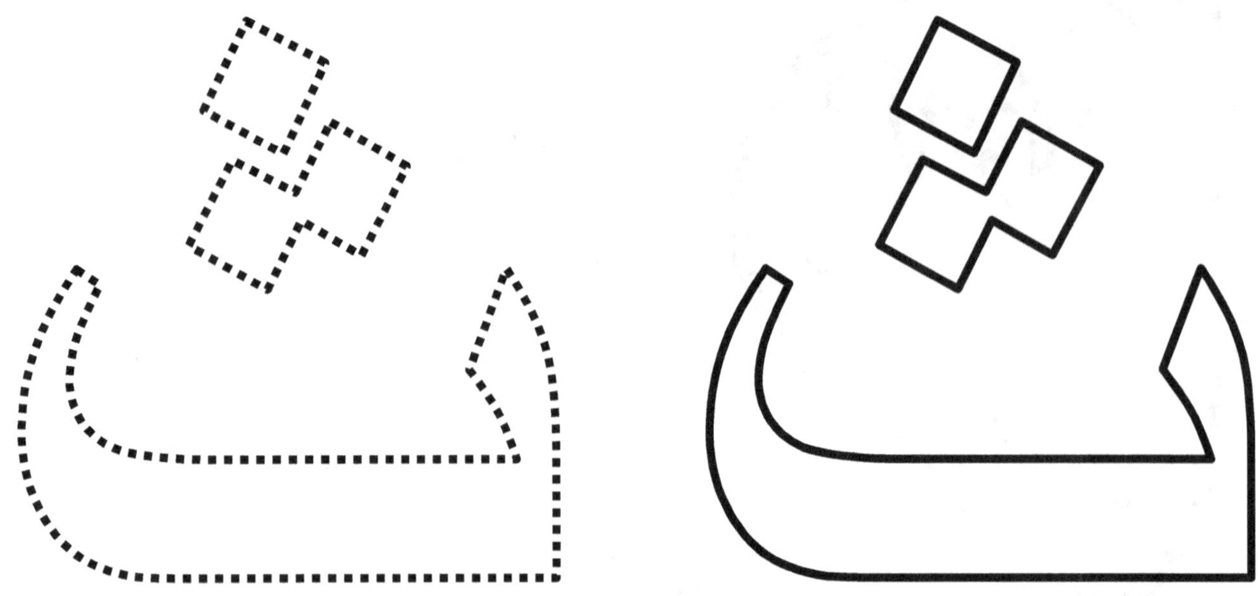

Thaa'

Thawr

ثَعْلَب

Tha'elab

ثُوم

Thom

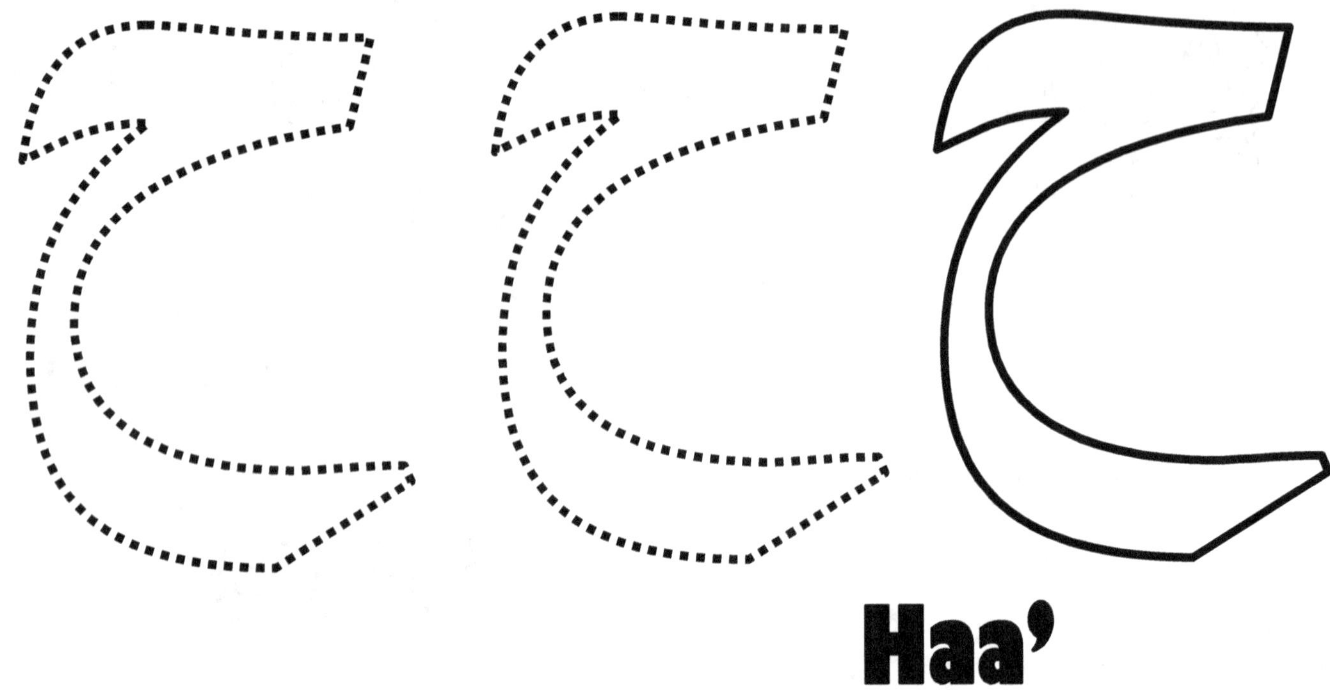

ح ح **ح**

Haa'

حِصَان

Hisan

حِذَاء

Hidhae'

حَلِيب

Halib

Hayawanat

Jeem

Jamal

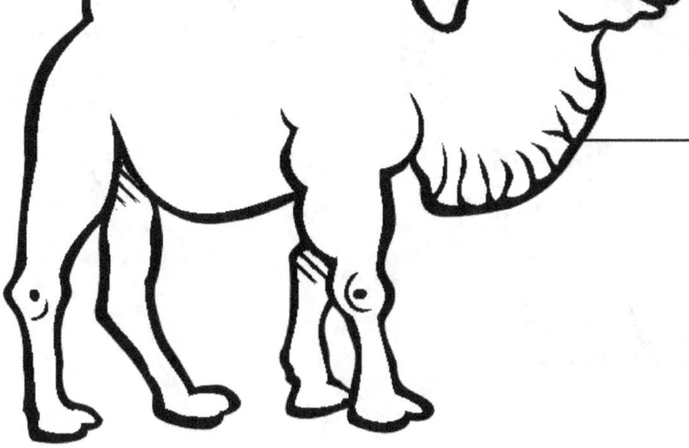

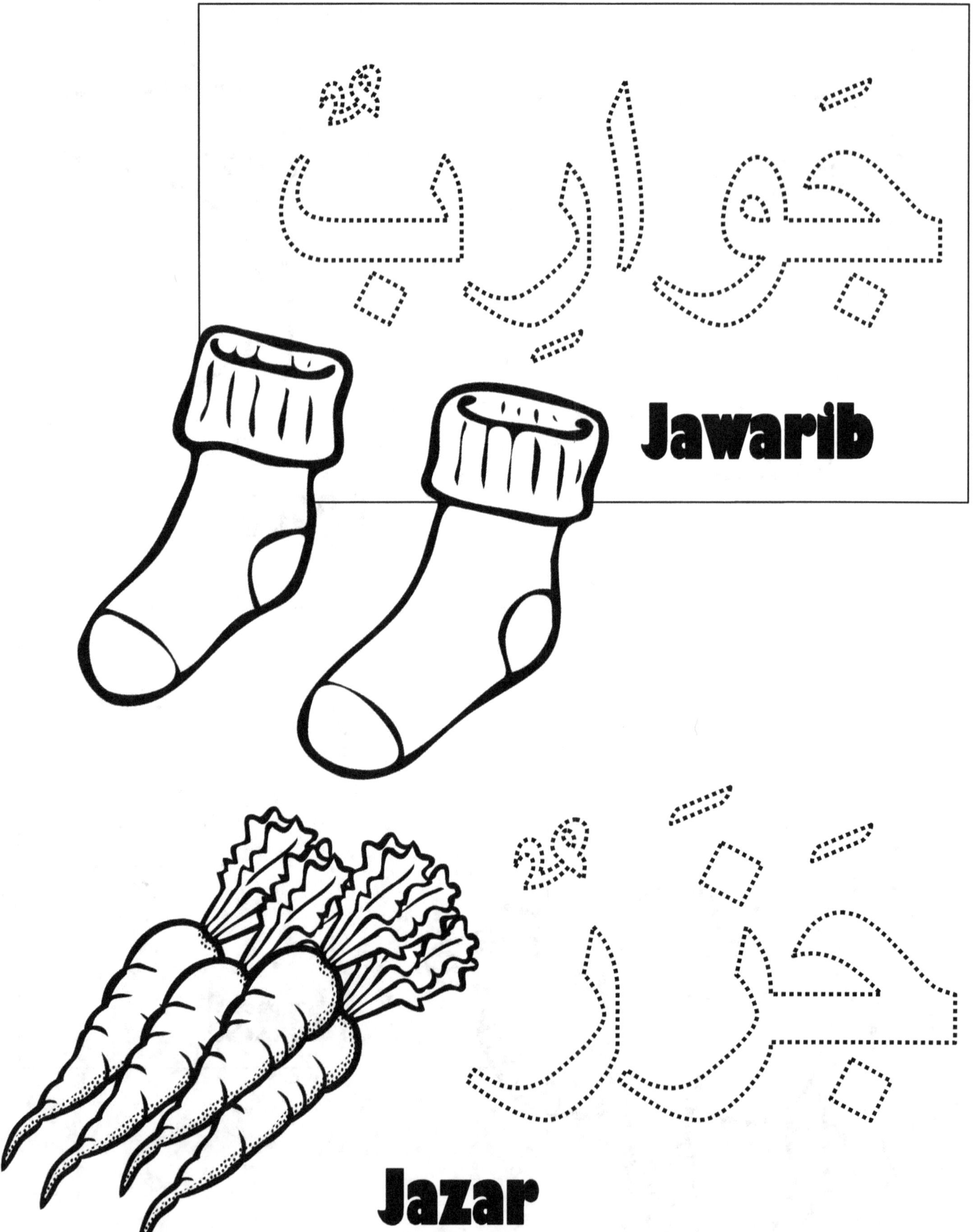

Jawarib

جَوَارِب

Jazar

جَزَر

Jibal

Khaa'

Kharoof

Khobz

Kharita

خَيْمَة

Khayma

دْ

Dall

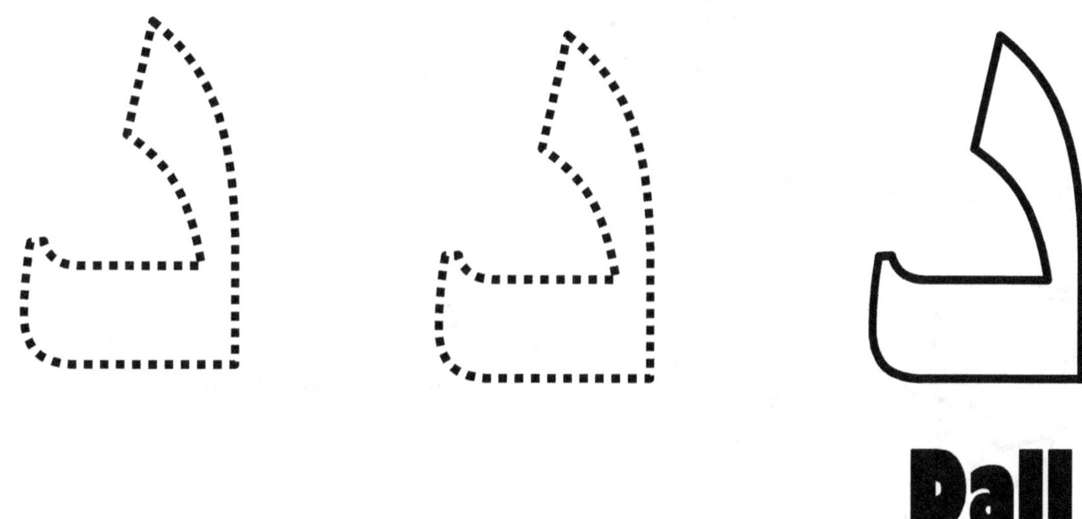

Daraja

ديك
Dik
دودة
Doda

دار

Dar

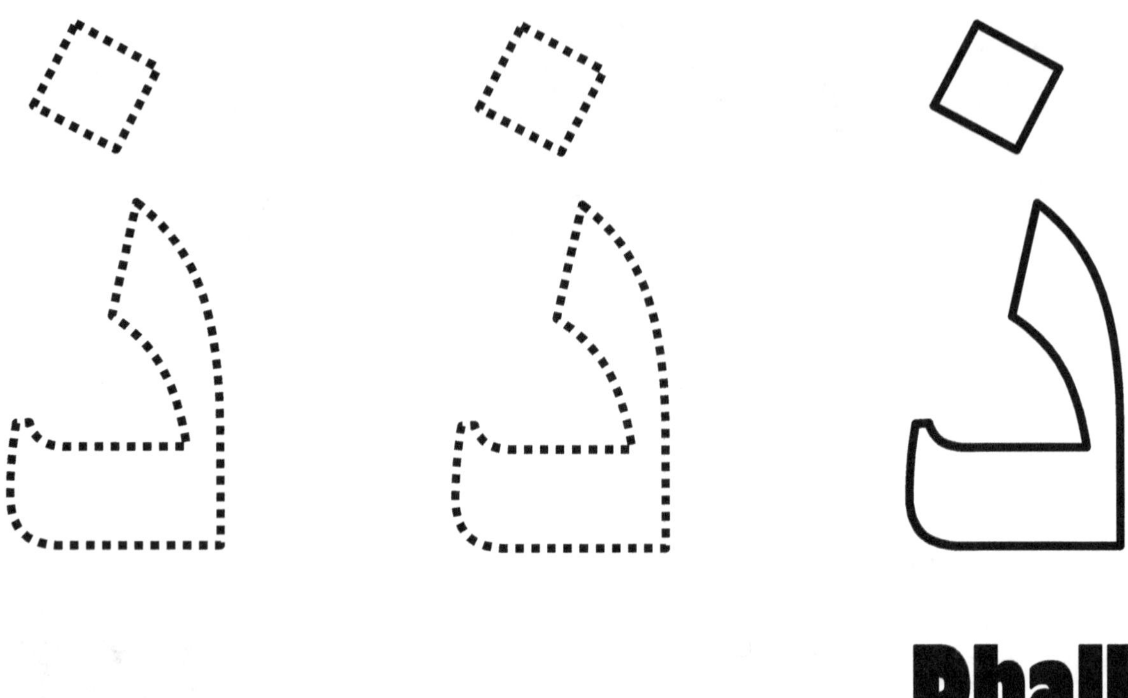

Dhall

Dhi'eb

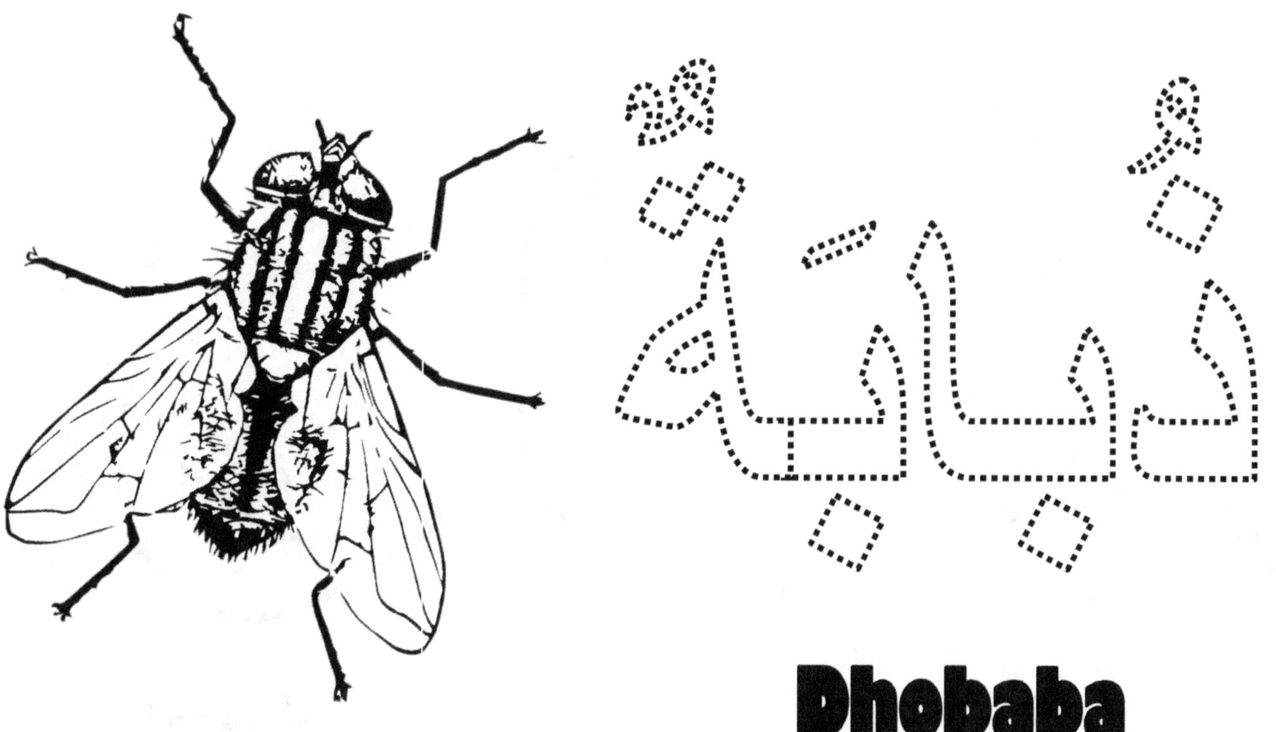

Dhobaba

Dhirae

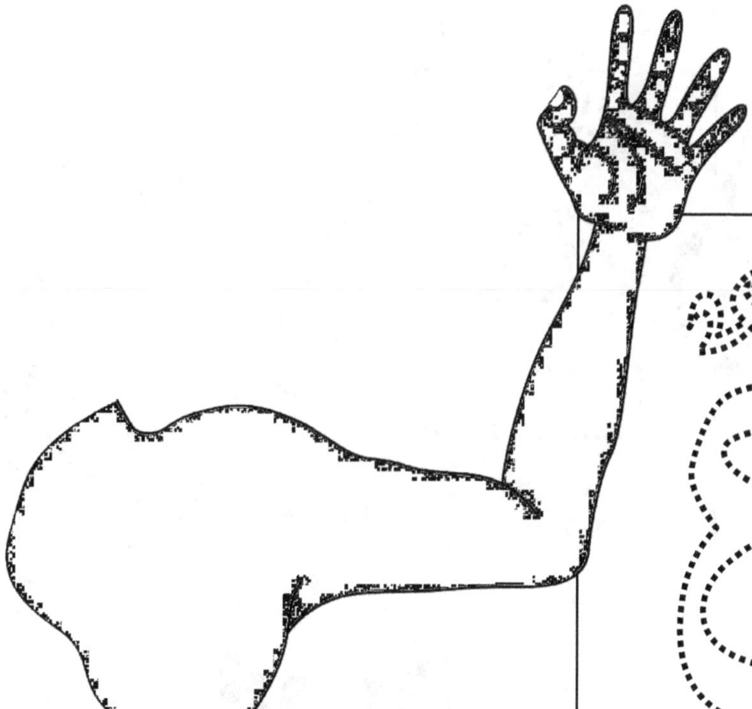

Raa'

Raad

Radie

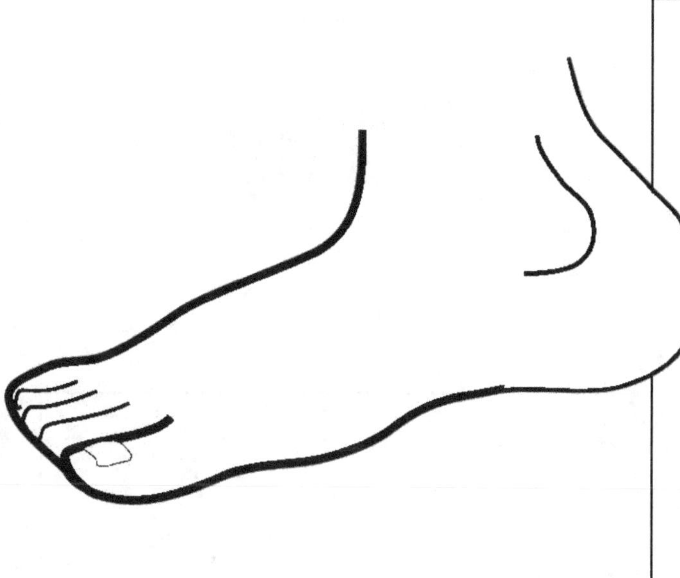

Rijl

Richa

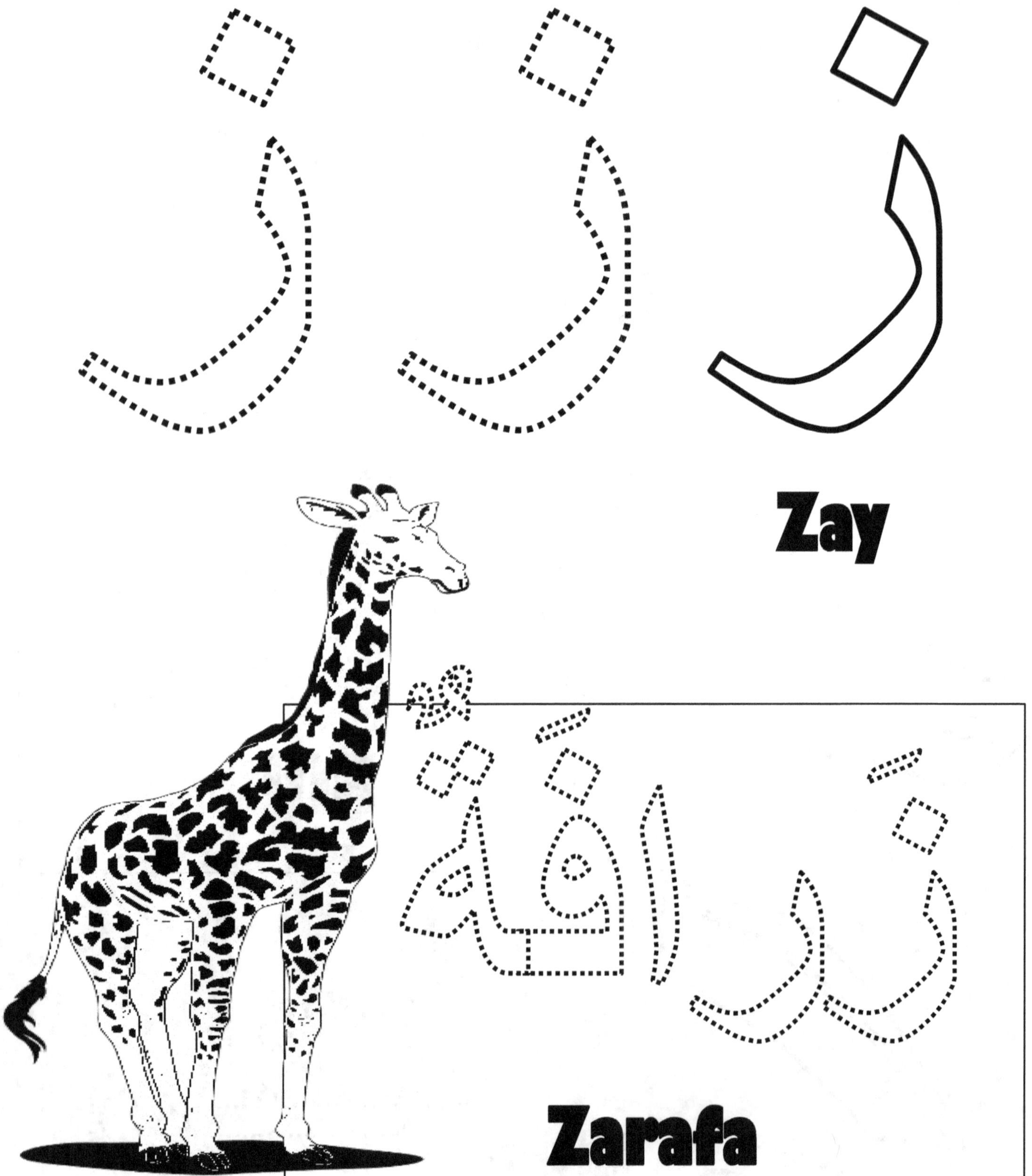

ز ز **ز**

Zay

زرافة

Zarafa

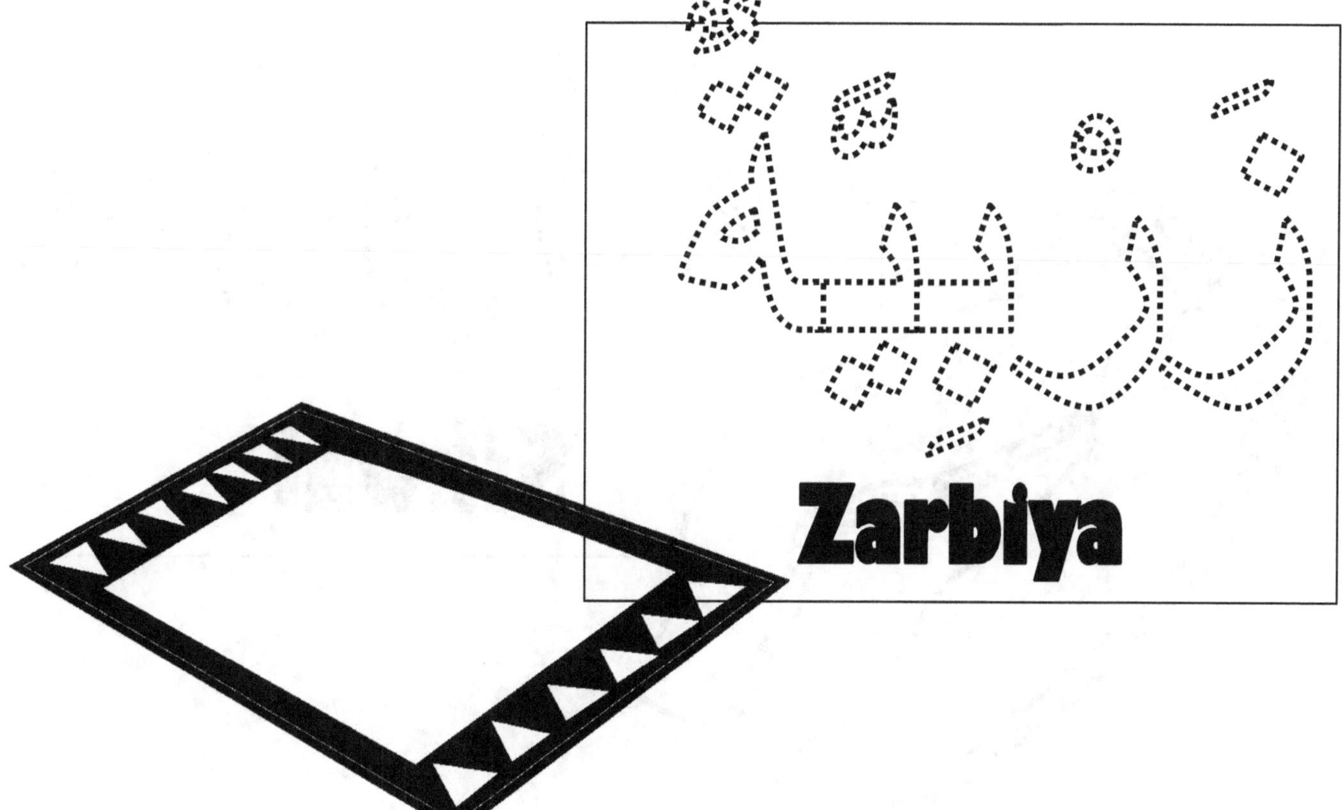

زُهُور

Zohor

زَرْبِيَّة

Zarbiya

سْ

Sinn

Sirwal

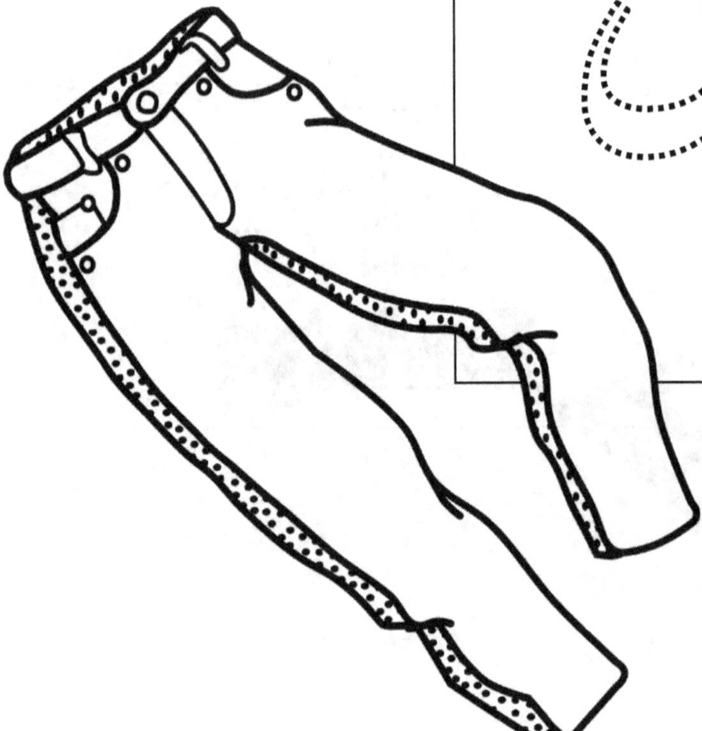

سَيَّارَة

Sayara

سَاعَة

Sa'aa

Samaka

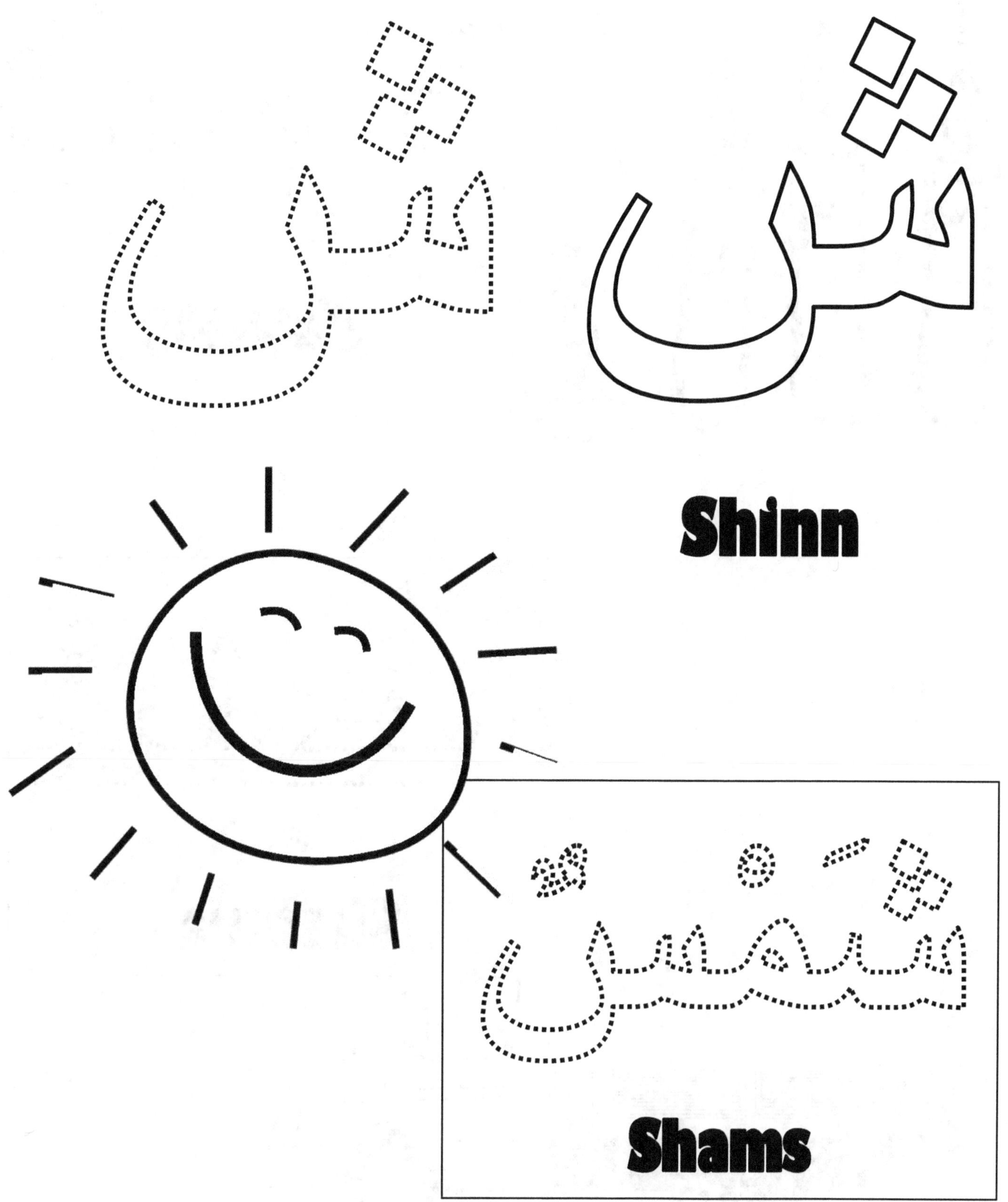

Shinn

Shams

شُمُوع

Shomoe

شَاحِنَة

Shahina

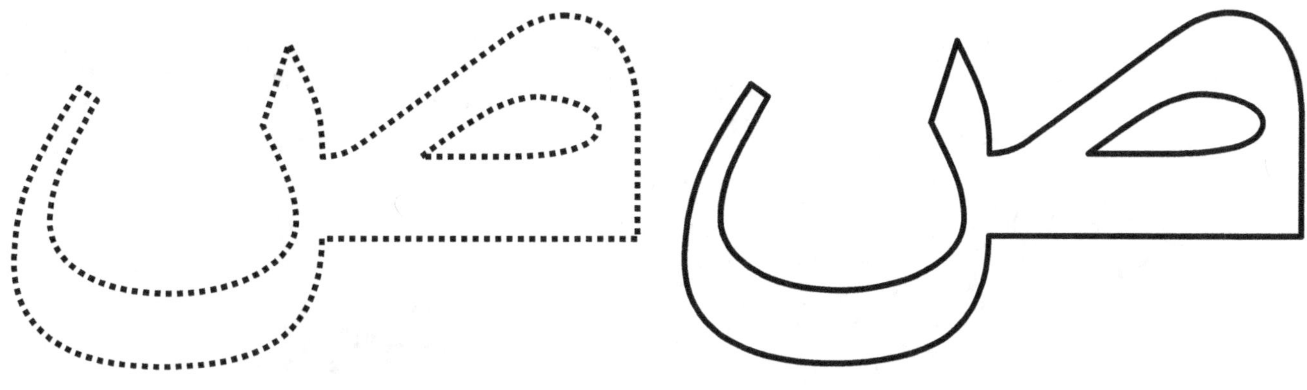

Sad

Sondook

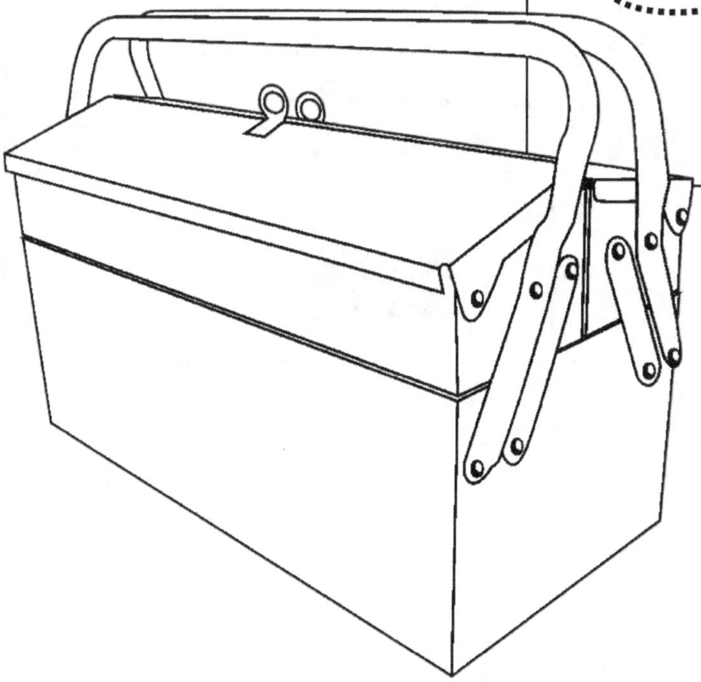

صوص

Soos

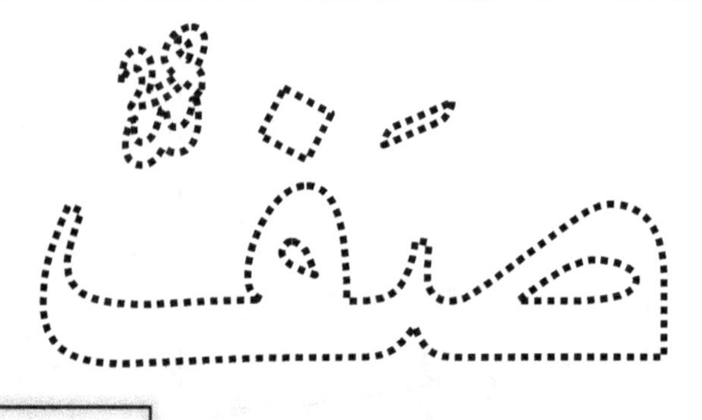

صَفّ

Saff

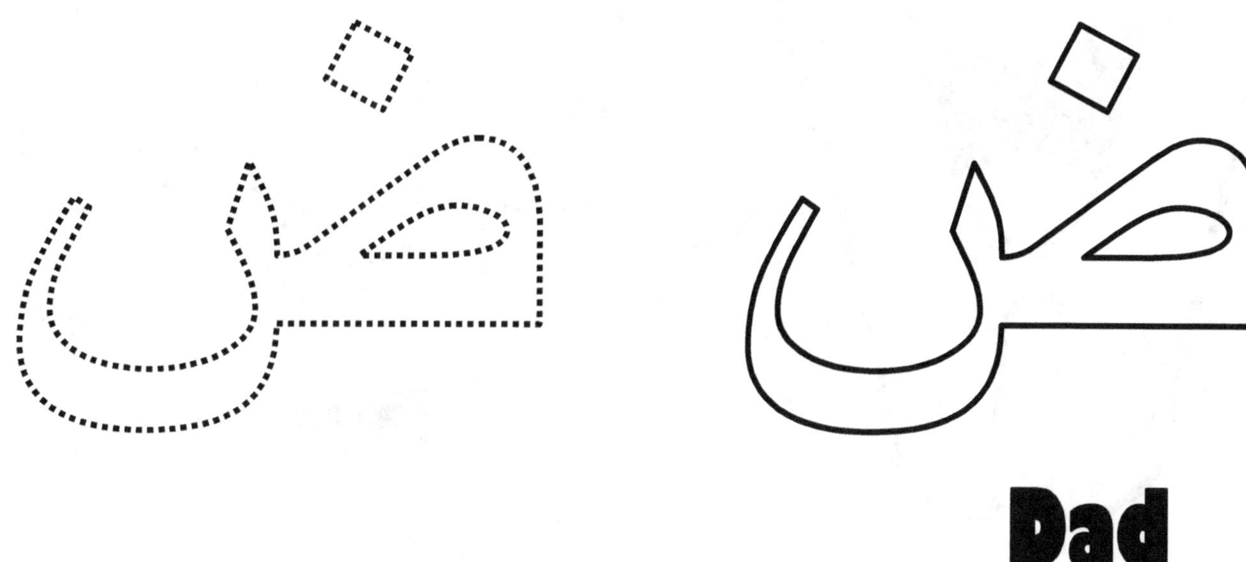

Dad

Difdaa

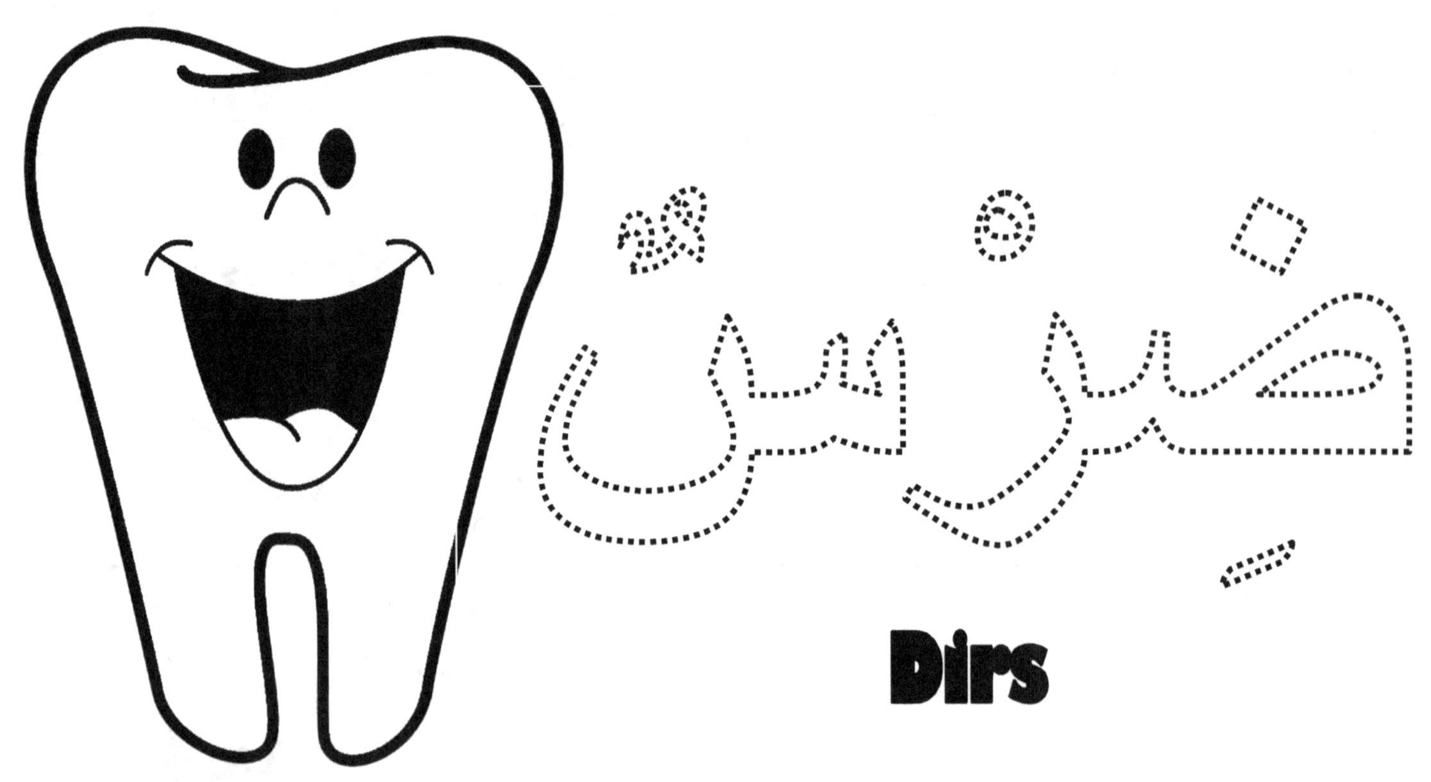
ضِرْس
Dirs

ضَوْء
Dawe'

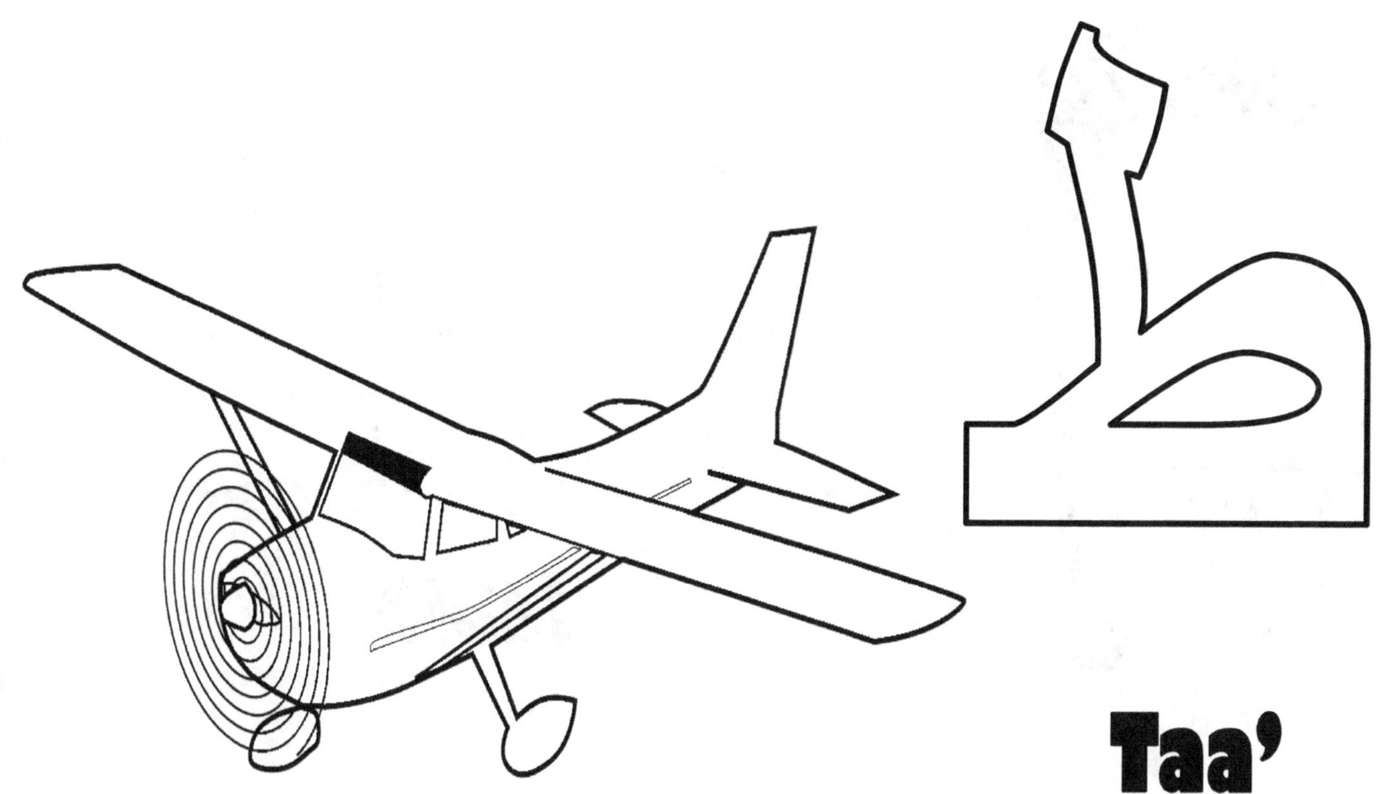

Taa'

Ta'eira

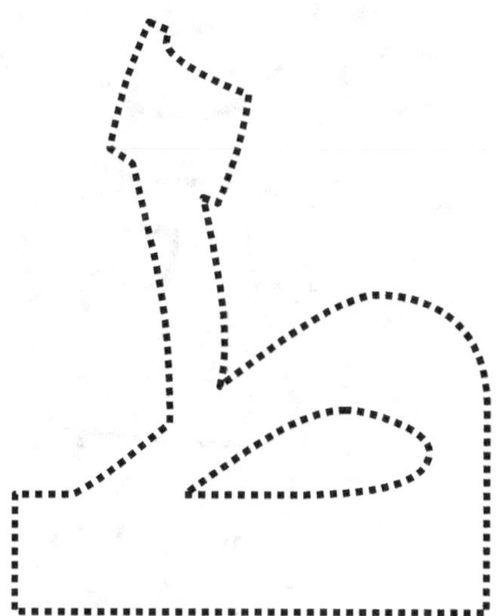

Tabib

Tifl

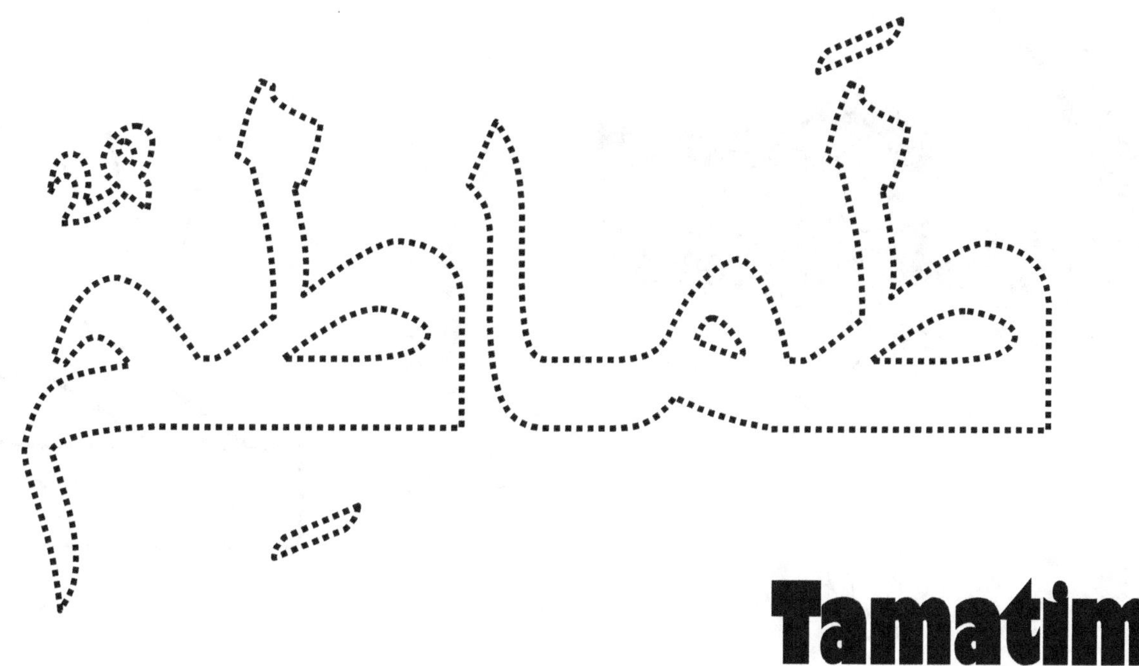

طَمَاطِم
Tamatim

Dhaa'

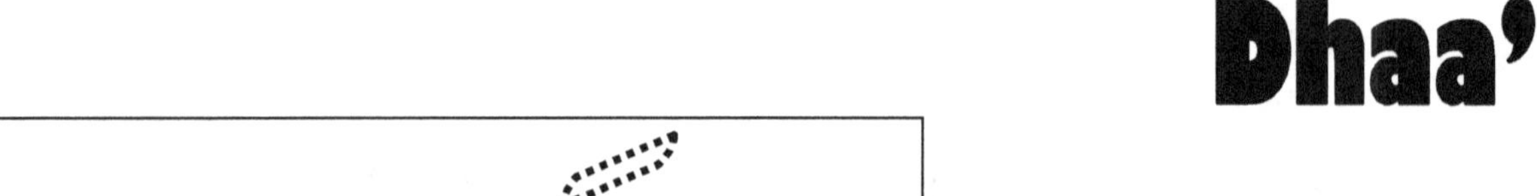

Dhaby

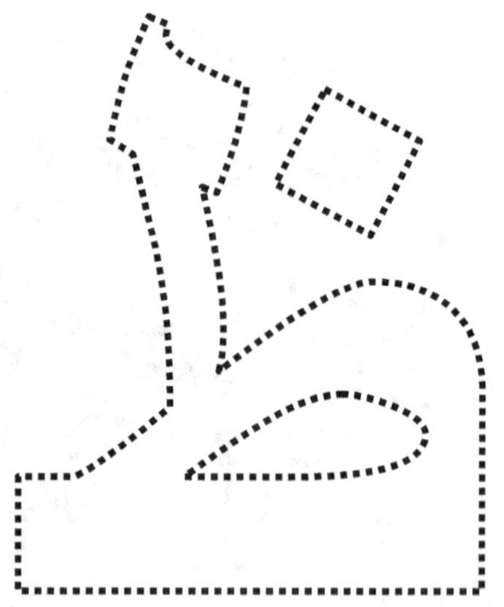

Dharf

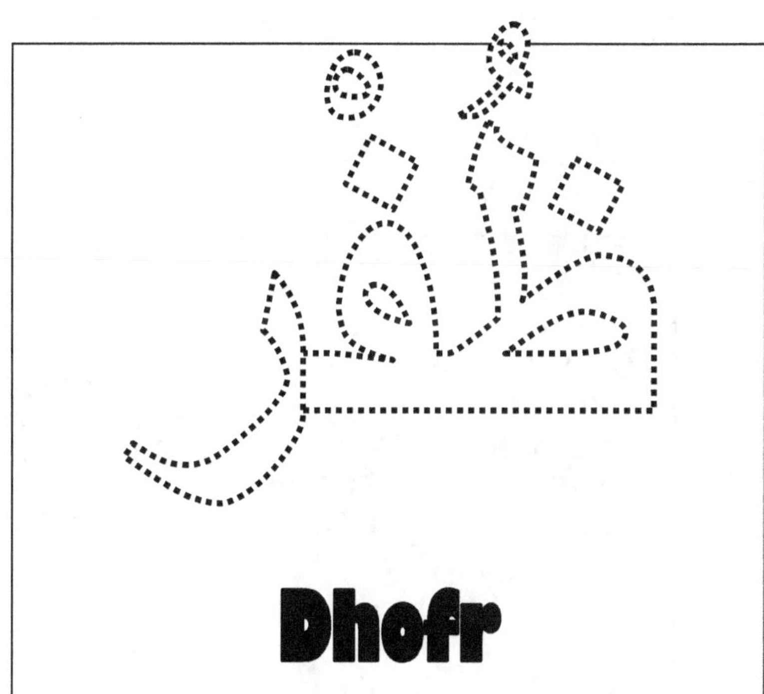

Dhofr

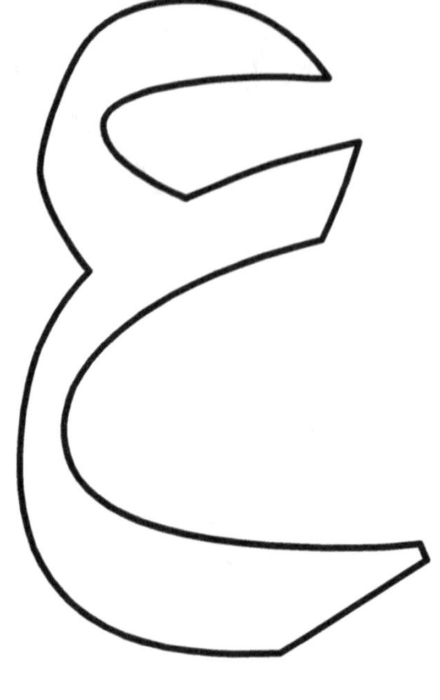

Aa'yn

Imara

عِنَب

Inab

عُصْفُور

Osfoor

Ghayn

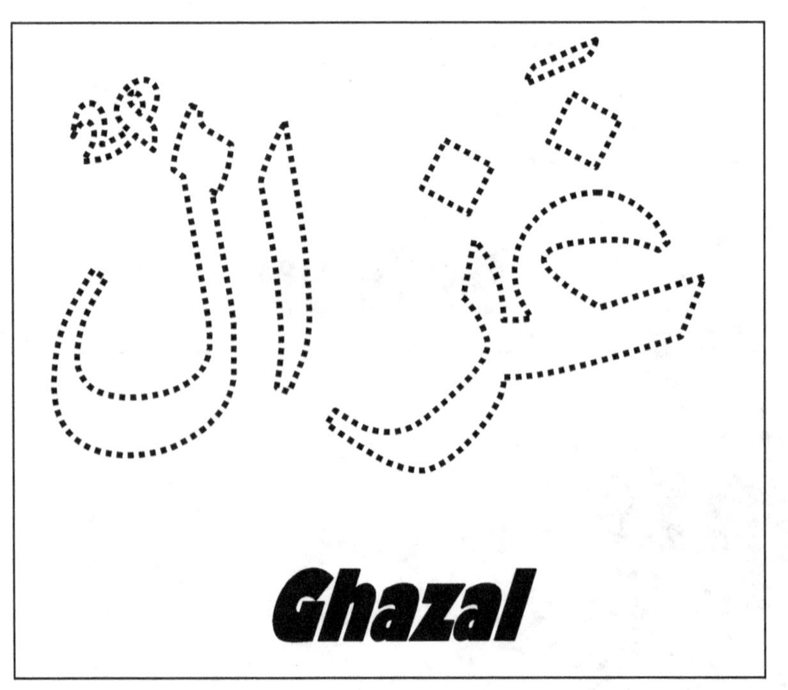

Ghazal

Ghayma

Ghorab

Ghassala

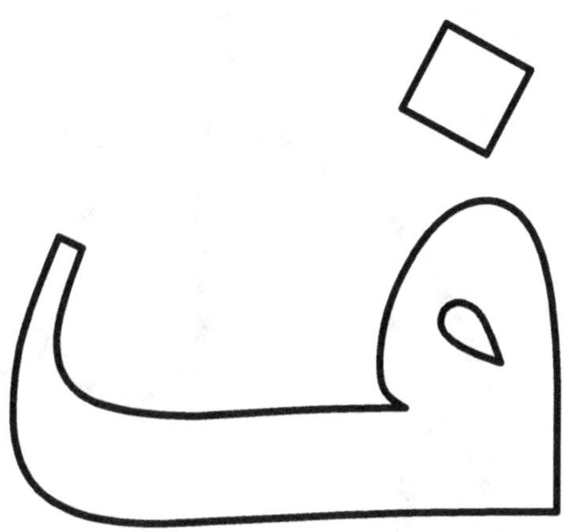

Faa'

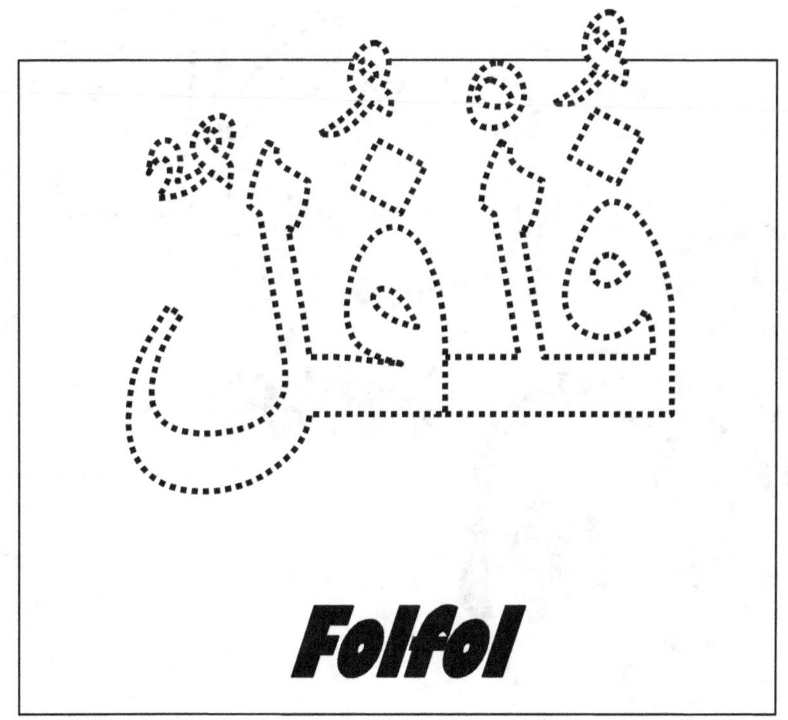

Folfol

Fil

Fallah

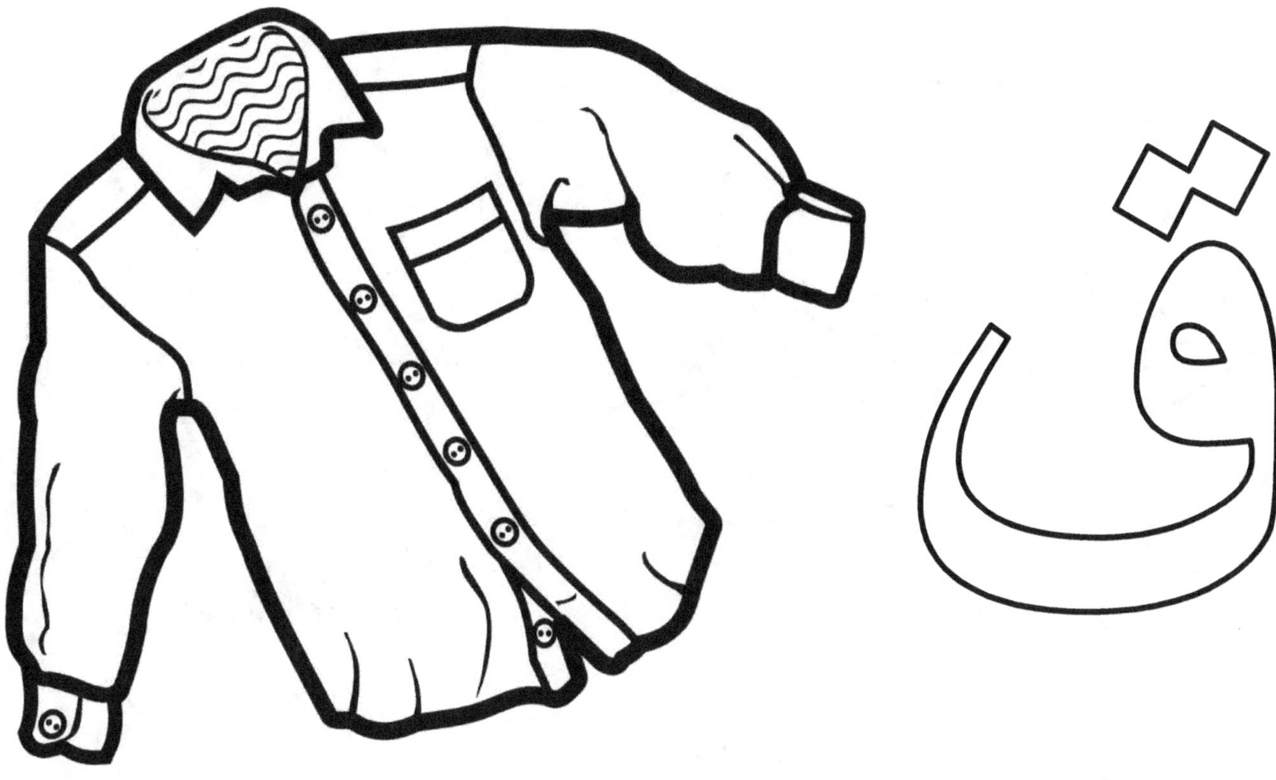

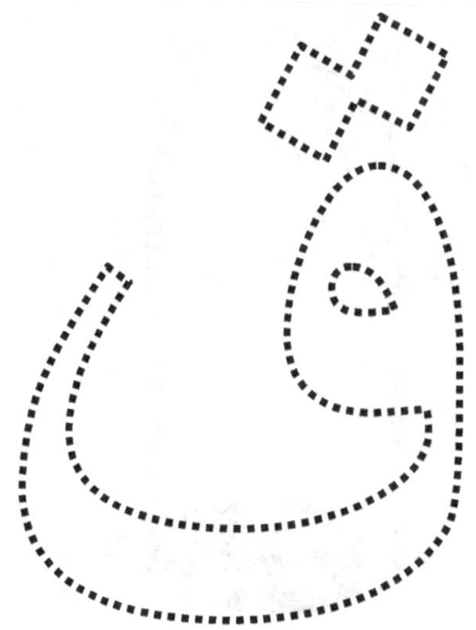

Qaf

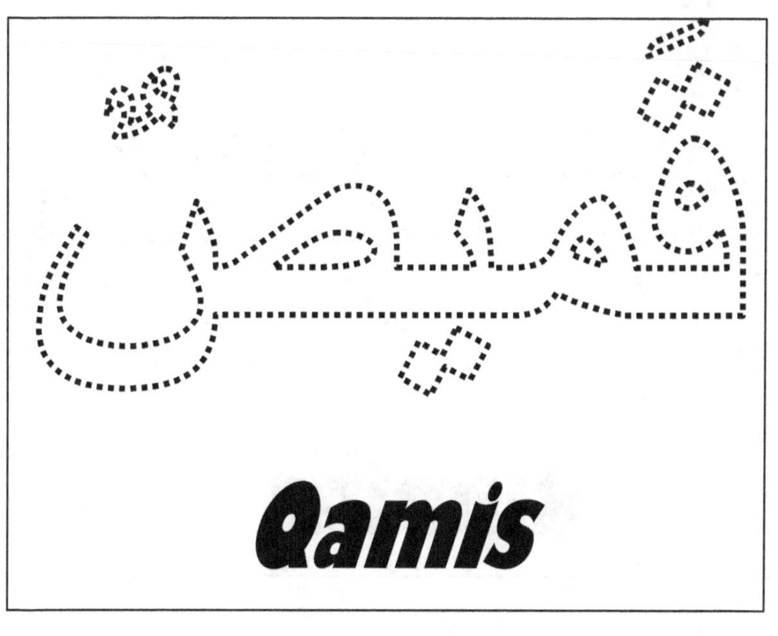

Qamis

Qobaa

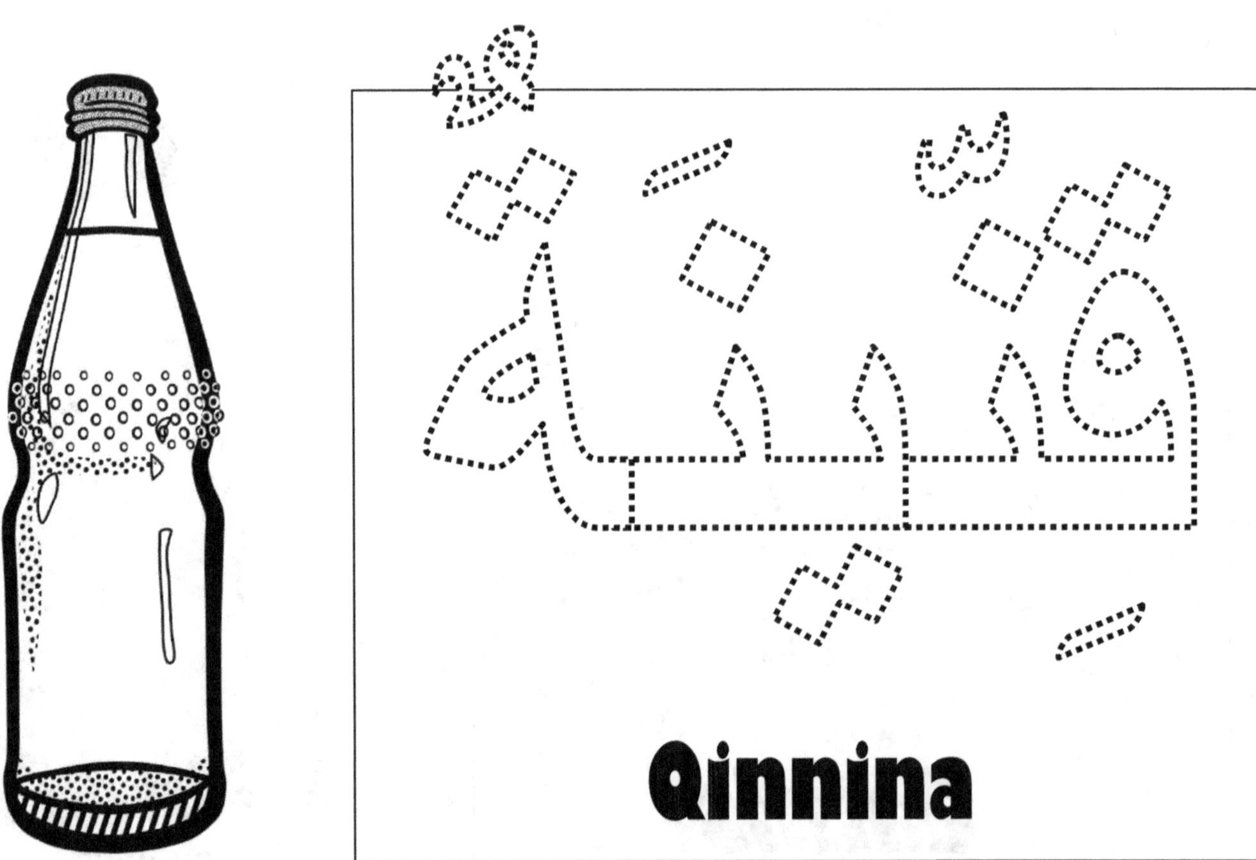

Qinnina

Qird

Kaf

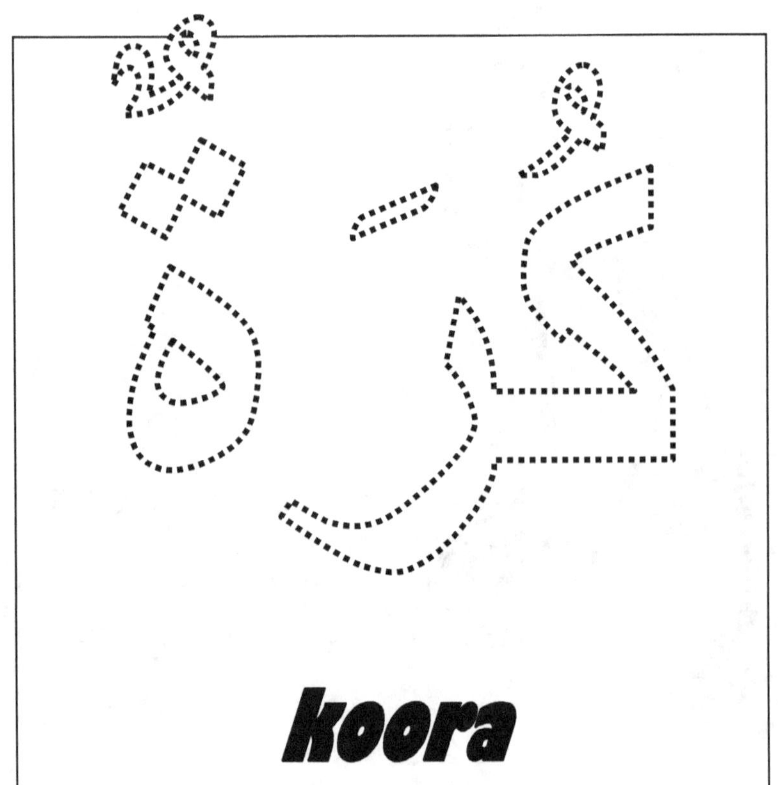

Kalb

Kitab

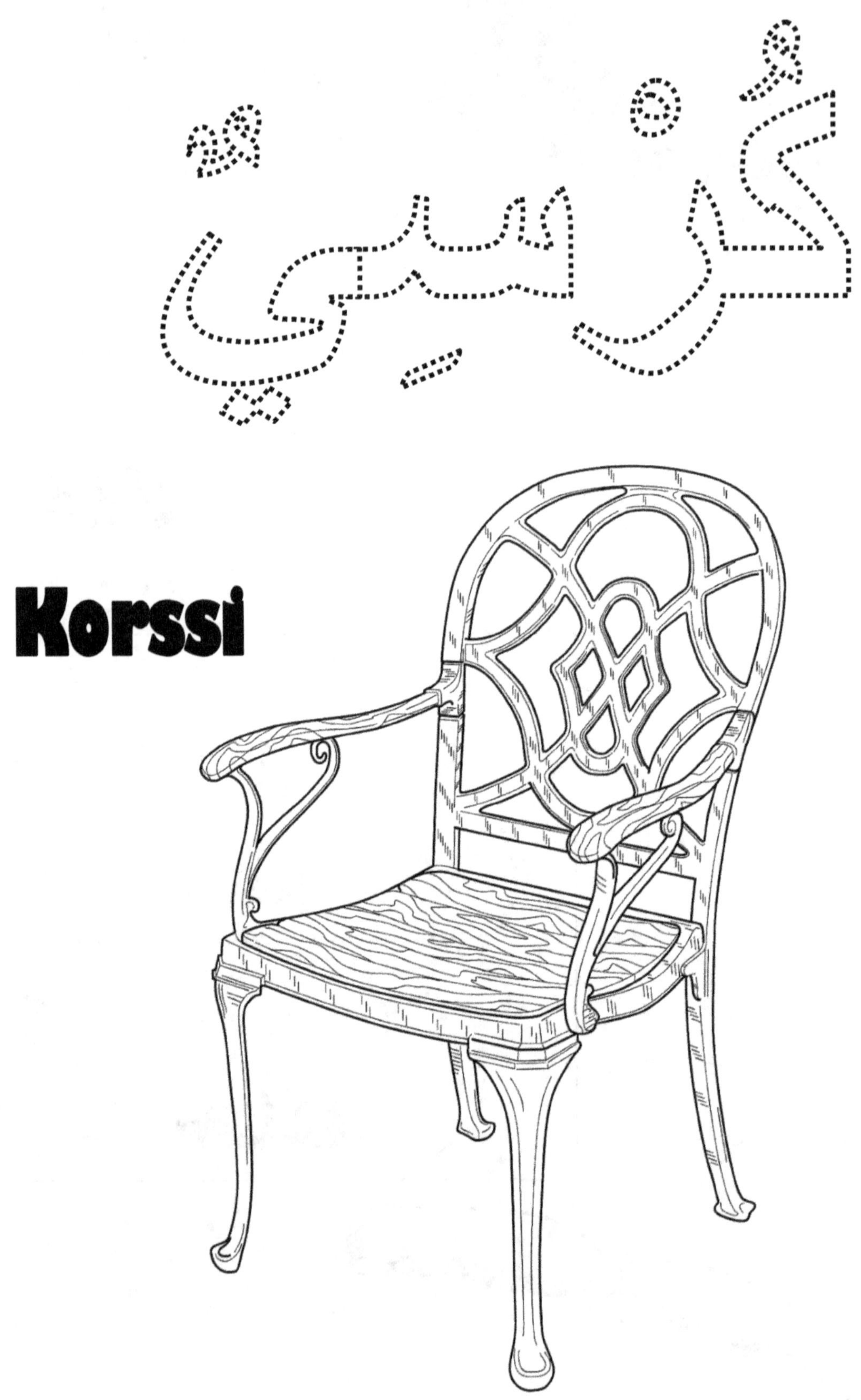

كرسي

Korssi

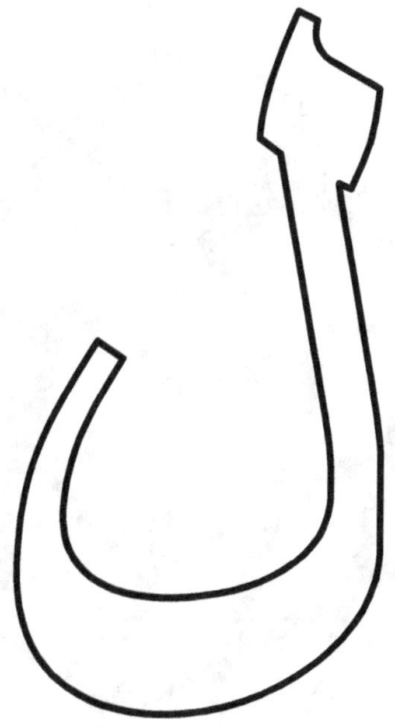

Lam

Laqlaq

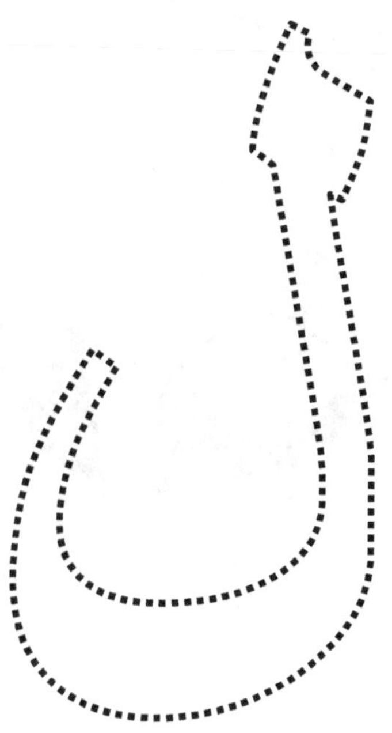

Lo'eba

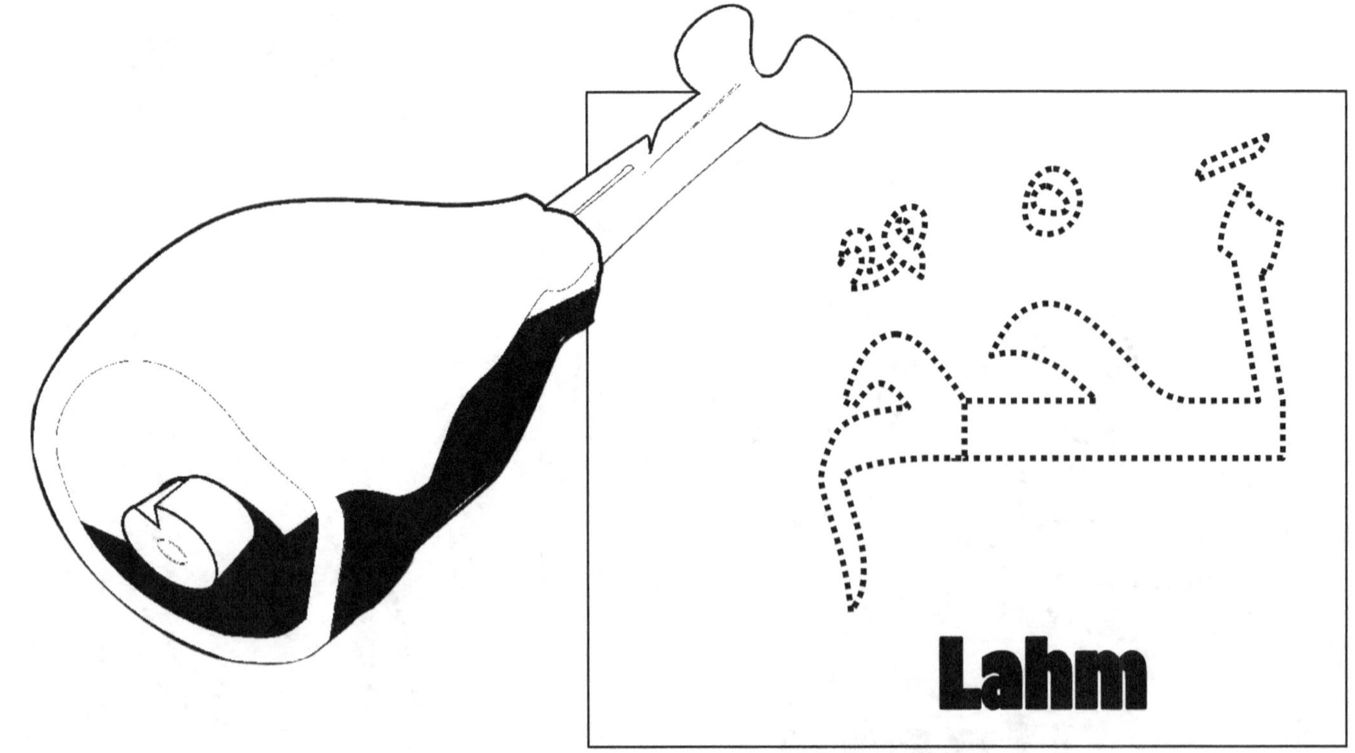

Lahm

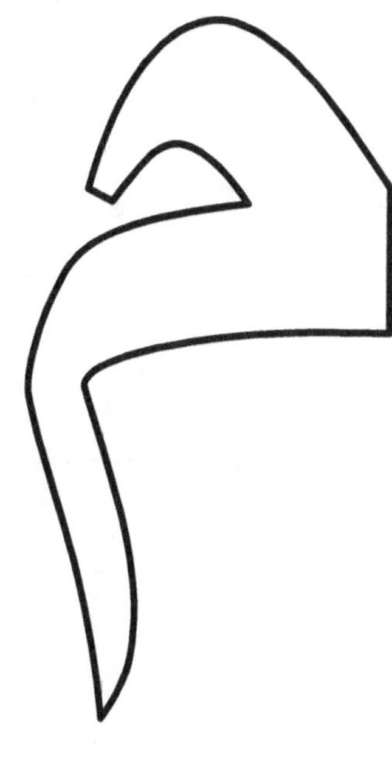

Mim

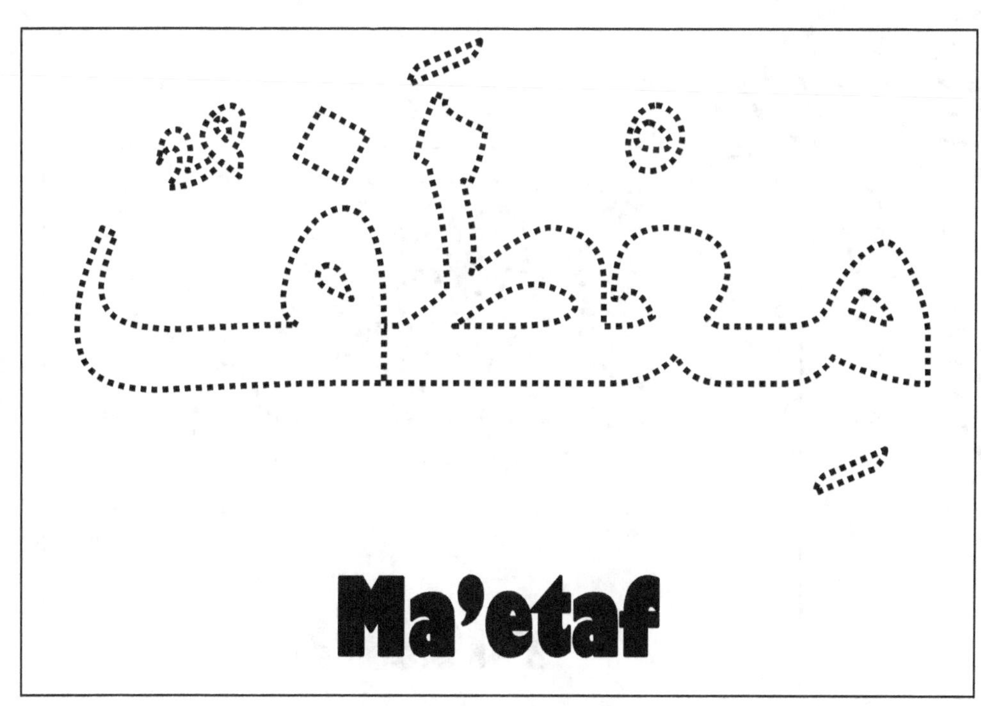

Ma'etaf

ماء
Mae
مظلة
Midalla

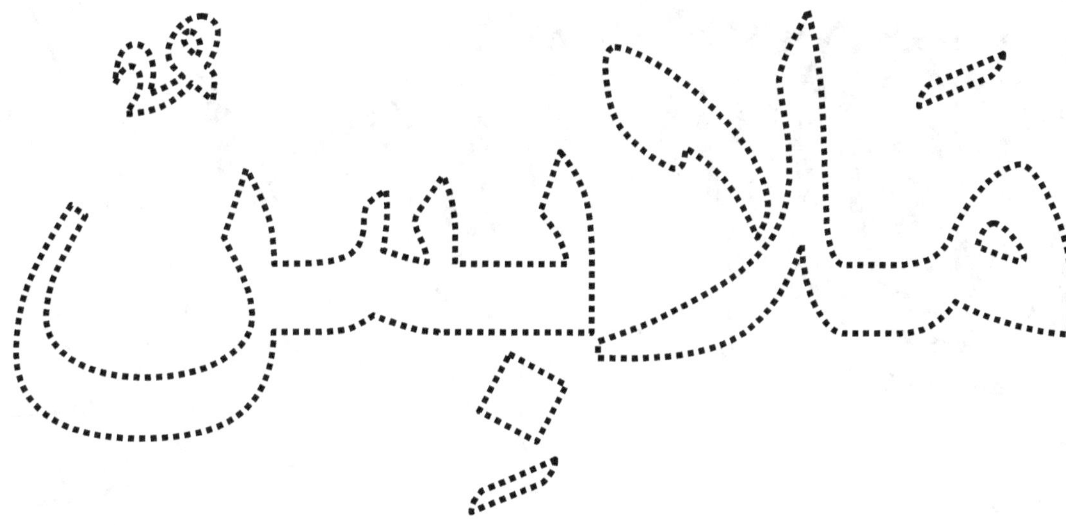

ملابس

Malabiss

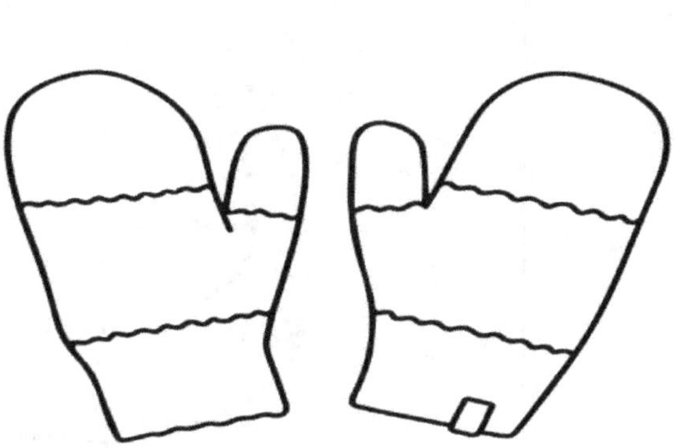

Noon

Namir

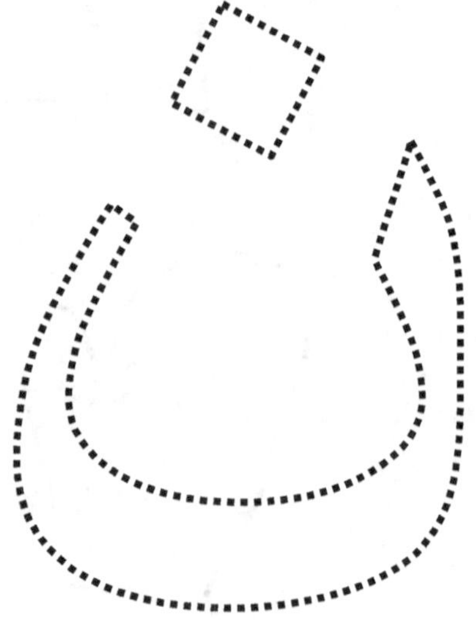

Nassr

Namla

Nakhl

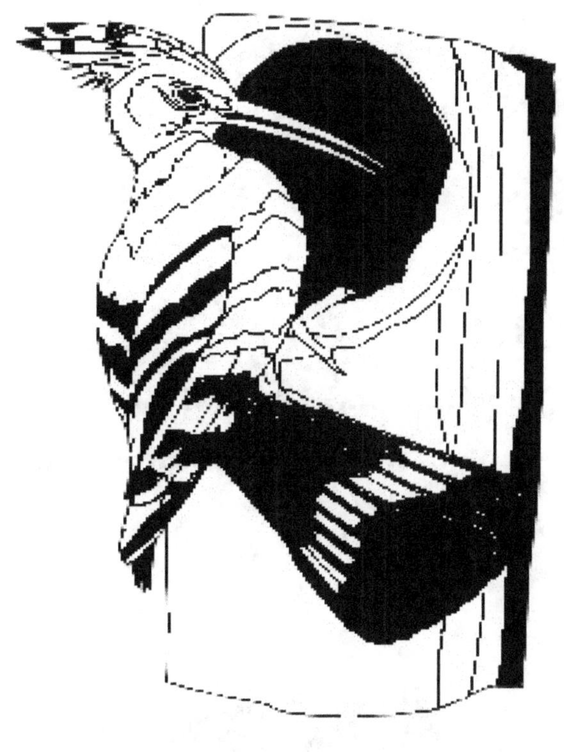

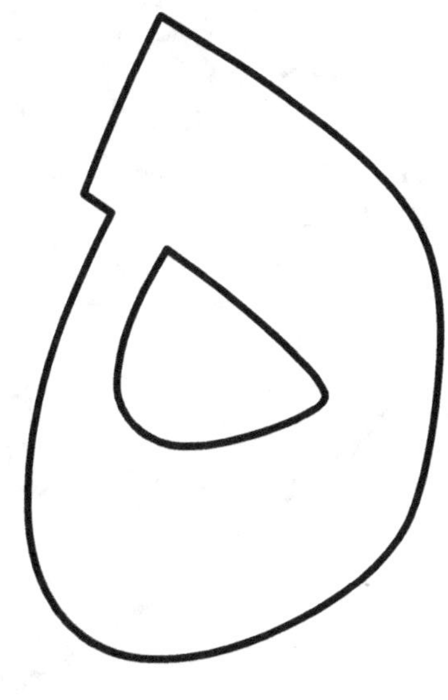

Haa'

Hodhod

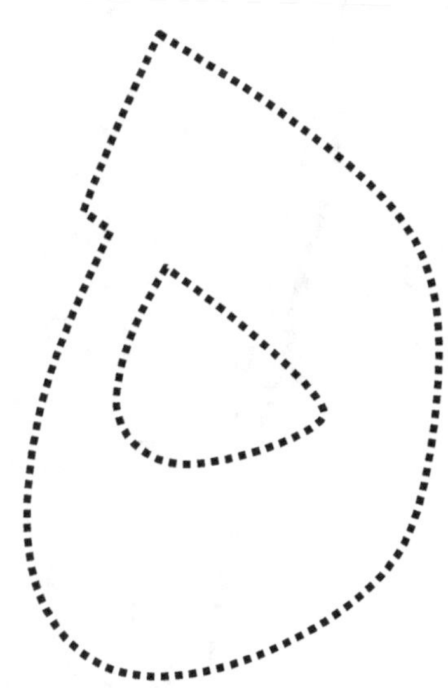

هَدِيَّة

Hadiya

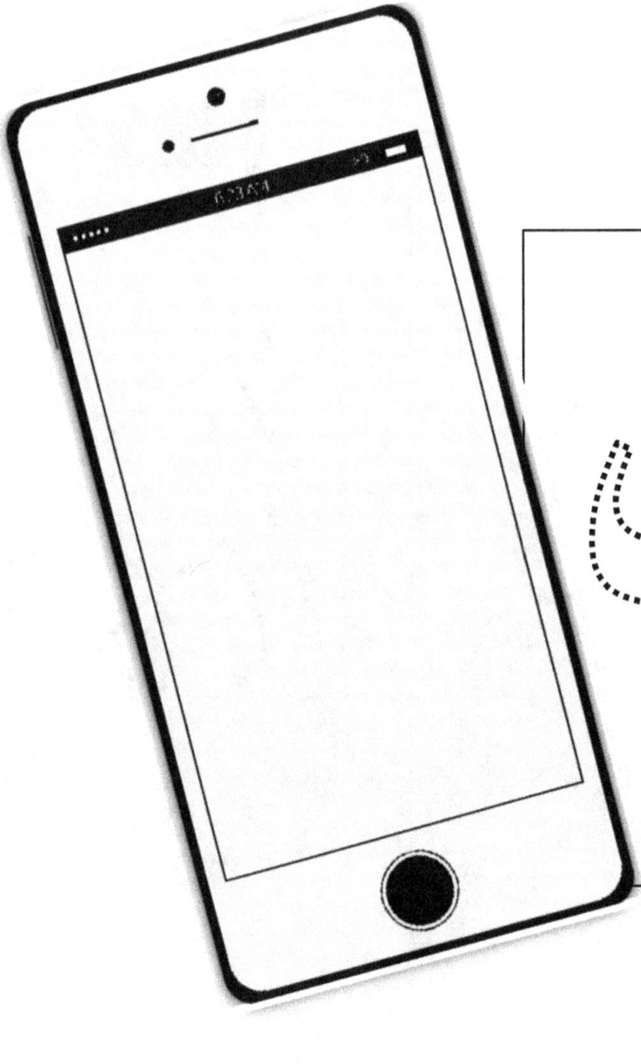

هَاتِف

Hatif

Waw

وَجْه
wajh

Warda

Wi'ae

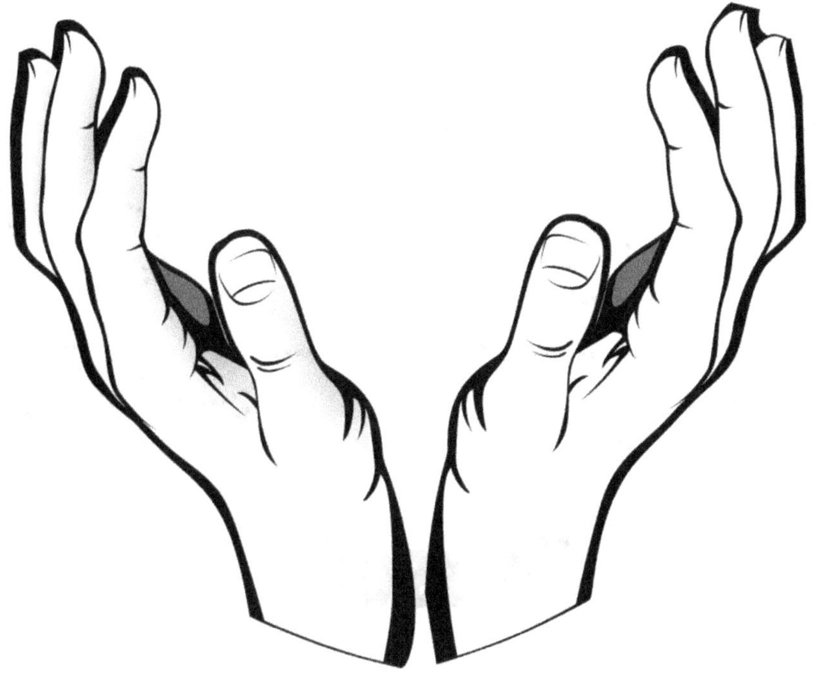

Yaa'

yad